KB057618

학교 입학을 위한 유아 성숙도의 관찰

우리 아이, 학교에 가도 될까요

우리 아이, 학교에 가도 될까요
학교 입학을 위한 유아 성숙도의 관찰

(Guidelines for Observing School Readiness edited by
WECAN(Waldorf Early Childhood Association of North America)
영어본을 한국어로 번역함

1판 1쇄 발행 2022년 12월 10일

지은이. WECAN(Waldorf Early Childhood Association of North America)
옮긴이. 신현승

발행인. 이정희
발행처. 한국인지학출판사 www.steinercenter.org
주소. 05659 서울특별시 송파구 마천로 76 성암빌딩 5층
전화. 02-832-0523
팩스. 02-832-0526

기획제작. 씽크스마트 010-9377-0651

ISBN. 979-11-968748-9-6 (03370)

이 책은 사단법인 한국슈타이너인지학센터, 한국발도르프영유아교육연대(KASWECE)의
후원으로 제작되었습니다.

후원계좌 | 신한은행 140-009-321956 사)한국슈타이너인지학센터

학교 입학을 위한 유아 성숙도의 관찰

우리 아이, 학교에 가도 될까요

WECAN 저 | 신현승 역

한국인지학출판사
KOREA ANTHROPOSOPHY PUBLISHING

학부모에게 아이의 "성숙"을 깊이 있게 알려드려요

국가 차원에서 만 5세 조기 입학을 거론할 때마다 유아교육기관에서는 여러 가지 생각을 하게 됩니다. 원장으로 20년째 현장을 지키는 저와 매일 아이들을 만나는 교사들은 심지어 불안감까지 느낍니다.

예전과 달리 요즘 아이들의 성장 속도는 빠른 게 사실입니다. 가정과 현장에서 식생활에 더 신경을 쓴 때문인지, 만 5세 아이들의 신체는 건강하게 잘 발달해 있습니다. 하지만 보기와 달리 몸을 움직이는 것이 야무지지 않은 아이들이 많습니다. 졸업을 앞둔 7세반에서 몇몇 아이는 여전히 움직임이 불안정하고 조화롭지 못합니다. 물론 또래보다 영리하고 똑똑해 보이는 아이들도 많습니다. 그런데 이런 아이들은 대부분 몸이 약합니다.

현실을 직시한다면 초등학교 입학이 1년 당겨지는 것은 아이들의 발달에 아주 부정적인 영향을 미칠 수 있다는 것을 알게 될 것입니다. 우리나라의 교육열 때문에 말입니다. 양육자와 교육자는 아이가 유아기 동안 자신의 뿌리를 단단하게 내릴 수 있도록 환경을 만들어 주어야 합니다. 뿌리가 내리는 동안 아이는 적당한 양의 물과 햇살이 필요합니다. 이것을 알아차린 어른은 아이에게 지적 자극보다 사랑을 줍니다. 이런 사랑의 힘으로 아이는 뿌리 위에 풍성한 잎새를 만들고 자신만의 꽃을 피우겠지요.

"우리 아이, 학교에 가도 될까요?" 이것은 학기 초마다 7세반 학부모 대부분이 원장과 담임교사에게 던지는 질문입니다. 이 책은 교육자에게 아이의 발달을 객관적으로 가늠하는 기준을 제시합니다. 더욱이 발도르프 교육관을 지향하는 학부모 뿐 아니라 유아기 자녀를 둔 모든 부모님에게는 자녀의 발달 상태를 스스로 관찰할 수 있도록 안내하고 있으며, 그 밖에도 조기 입학의 문제점을 어렴풋이 느끼면서도 마음이 흔들려 입학 준비로 선행학습을 시키는 학부모에게 아이의 "성숙"을 깊이 있게 알려 주는 책입니다. 넘치는 육아서들 가운데 알찬 정보만 간추린 이 책이

야말로 유아교육기관 뿐 아니라 가정의 필독서로 추천합니다.

정애영

한국발도르프영유아교육연대(KASWECE) 회장
www.kaswece.org / nasw2019@naver.com

잔디를 잡아당긴다고
빨리 자랄까요?

정권이 바뀔 때마다 시도하는 "교육 개혁"이 공교육의 방향키를 바꿔 놓습니다. 그때마다 학부모는 사교육의 나침반을 조정하느라 애씁니다.

문민정부가 출범한 1990년대 초, 이른바 "국제화 시대"에 발맞춰 일선 초등학교는 영어 교육을 방과 후 프로그램으로 도입했습니다. 이것이 한국적 교육 열풍을 자극하여 지금은 중국어까지 외국어 조기 교육으로 고질화된 상태입니다. 교육은 세계화 물결을 타고 '국가 경쟁력 강화'를 위한 수단이 되었습니다.

이런 상황에서 1993년 당시 국민학교 취학 연령의 만 5세 하향 제안이 처음 등장했습니다. 1995년에는 만 5세 조기 취학을 허용하는 개정안을 국회에서 통과시킨 적이 있습니다. 그 이후 2007년 다시 "비전 2030 인적 자원 활용 전략"에서 만 5세 하향을 추진하다가 중단했습니다. 이 사안은 2009년 정부의 미래기획위원회가 제안하여 교육과학기술부의 TF 에서 검토한 결과, 국가의 '경제적 측면'에서 큰 차이가 없다 는 평가로 일단 마무리되었습니다. 그 후 2015년에는 심지 어 '저출생율과 고령화 시대의 인적 자원 활용' 방안으로 만 5세 취학이 거론되었고, 2019년에도 정부 국가교육위원횡 에서 취학 연령 하향이 제안된 바 있습니다. 어김없이 2022 년 새 정부는 소위 양극화 해결 방안으로 "만 6세 취학 전에 교육 격차가 생기기 때문에 모든 아이들을 1년 일찍 학교에 품어 사회·경제 문제를 해소하겠다."고 발표했습니다. 충분 한 토론과 의견 수렴의 과정을 건너뛴 교육 정책에 사회적 반발이 거세지자 조속히 거둬들였지만, 여전히 인공지능 시 대가 요구하는 핵심 역량을 키우기 위해 "유아 무상교육과 의무교육의 학제 개편"이 거론되고 있습니다.

이렇게 30년간 불쑥불쑥 튀어나오는 취학 연령의 하향 제 안을 교육적으로 어떻게 바라봐야 할까요? 요즘 아이들이 이전 세대와 달리 지적 수준이 빠르게 발달하기 때문에 만 5

세 하향 조정이 타당하다는 주장을 우리는 어떻게 해석해야 할까요? 유아의 인지 능력은 조기 지적 교육이 만든 결과가 아닐까요? 현재 영유아의 사교육비 규모가 최소 3조가 넘는다는 추산은 어린 자녀를 둔 직장인 45% 이상이 영유아 자녀에게 사교육을 시킨다는 통계와 일치합니다.

초등학교의 입학 기준이 지적 수준 하나로 충분할까요? 학교가 오로지 학습하는 장소인가요? 국가에서 강조하는 제4차 산업혁명의 주인공들이 인공지능을 활용하고 메타버스 공간에서 건강한 세계시민의 핵심 역량을 갖추려면 학교라는 배움의 장은 창의적인 지적 능력뿐 아니라 풍부한 감성과 행동하는 의지력을 골고루 발달시켜야 합니다.

우리가 교육 선진국이라고 꼽는 미국과 유럽 국가에서도 "만 5세 취학 연령 하향"에 대한 논의는 이미 1970년대 시작하여 10년간 집중적인 의견 수렴을 거쳐 종결했습니다. 독일의 경우는 취약 계층의 교육 격차를 줄이기 위해 미취학 아동에게 지적 선행학습을 제공한 주정부도 있습니다. 다양한 교육적 실험과 의학, 발달심리학, 생리학 등 학문적 연구를 바탕으로 내린 이들의 과거 결론은 지금 우리에게 시사하는 바가 큽니다.

  그 결론을 요약하면, 평생 건강을 좌우하는 유아기의 발
달에 충분한 시간을 주어야 하며, 무엇보다 만 5-7세 사이에
는 가능한 한 인지적 학습을 피해야 한다고 강조한 것입니
다. 신경 체계가 내적, 외적 자극에 따라 예민하게 활동하는
유아기에 때이른 선행학습과 같은 인지적 자극은 아이에게
스트레스를 줄 수 있고, 이런 스트레스는 부정호르몬을 만
들기 때문입니다. 따라서 이 시기에 교육적으로 중요한 것
은 외부와의 관계 형성을 자연스럽게 견고하게 해 주는 다
양한 놀이입니다. 놀이 상황에서 상호작용을 익혀 신뢰감과
사회성이 발달하면 긍정호르몬이 생성되어 아이의 자존감
과 자신감이 만들어진다고 설명합니다.

  지금 잠잠해진 "초등학교 입학 연령 하향" 안건은 정치·
경제적으로 접근할 영역이 결코 아닙니다. 만 5세 하향 조
정은 유아의 "압축 성장"을 요구하는 발상입니다. 아이들은
'미래의 산업 인력'이 아닙니다. 잔디를 잡아당긴다고 빨리
자랄까요? 진정한 교육자와 현명한 학부모는 저마다 다른
속도로 충분히 성장하고 제대로 성숙할 수 있도록 유아기의

인권을 보호해야 합니다.

외적 **성장**을 이루는 과정에서 아이에게 내적 **성숙**이 어떻게 일어나는지를 쉽게 설명한 이 책은 유아기 자녀를 둔 학부모와 유아 교육 기관의 선생님, 원장님들이 특히 만 5-6세 아이를 관찰하는 데 확실한 지침서가 될 수 있습니다. 나아가 유아 발달을 깊이 있게 살피고 성장하는 아이의 개별성을 존중하는 어른들에게 이 책의 내용은 자신의 교육관을 확장할 수 있는 기회를 제공할 것입니다.

이정희
《발도르프 육아예술》 저자,
사단법인 한국슈타이너인지학센터 대표

차례

들어가는 말

아이가 초등학교 1학년을 시작할 준비가 되어 있는지 판별
하는 것은 유아교사와 부모에게 매우 중요한 과제입니다. 초

후서토닉 밸리 발도르프 학교 병설유치원

등학교를 시작하는 연령이 그 아이의 인생에 크나큰 영향을 미치기 때문입니다. 입학 시기를 결정하는 일은 초등학교 1학년의 시작에 관한 결정일 뿐 아니라 향후 12년 또는 그 이상 계속될 교육 과정의 시작에 관한 결정입니다.

대부분의 전통적인 교육기관에서는 생활 연령을 초등학교 입학의 기준으로 삼고 있습니다. 하지만 '아이의 통합적인 요소'를 중시하는 발도르프 교육의 관점에서는 연령이란 많은 고려사항 중 하나에 지나지 않습니다. 초등학교 입학을 위한 유아의 성숙도를 판단하려면 연령과 함께 다양한 발달 과정 전체를 살펴보아야 합니다. 그래서 발도르프 교육에서는 신체적 변화와 성숙, 사회성과 정서의 발달, 언어 능력, 팔다리와 소근육의 움직임을 조화롭게 통제하는 능력, 기억력, 내적으로 상을 떠올리는 능력 등을 고려합니다. 아이가 초등학교에 입할할 만큼의 성숙도에 대한 판단은 이런 다양한 요소를 종합적으로 고려하는 것에서 시작합니다.

사실 초등학교 입학 준비 상태를 명확히 알려주는 "지표" 같은 것은 존재하지 않습니다. 어떤 아이라도 모든 부분에서 완벽히 준비되어 있기란 불가능에 가깝습니다. 인간은 항상 발달하고 성장하는 과정에 있습니다. 우리는 이런 다양한 요소를 종합적으로 고려하여 유아의 특별한 장점들이 지속해서 발달할 수 있는지 확인하려고 노력합니다.

이 소책자는 초등학교 입학 준비 상태를 판단할 때 고려해야 할 주요 사항들을 담고 있습니다. 이 사항들은 유아의 성숙도 확인에 도움이 되는 간략한 지침이기도 합니다. 유아의 성숙도에 대해 좀 더 상세한 논의를 보려면, WECAN의 출판물 《초등학교 1학년 입학 성숙 상태》(First Grade Readiness)를 참조하기 바랍니다. WECAN의 《오늘날의 초등학교 입학 성숙 상태》(School Readiness Today), 《유치원에서 초등학교로》(From Kindergarten into the Grades)도 훌륭한 참고자료가 될 것입니다.

I. 생활 연령

일반 학교에서는 특정한 날짜를 기준으로 만 6세를 입학 연령으로 정하고 있습니다. 이것이 일반적으로 입학 시기를 고려되는 유일한 기준입니다. 미국의 공립학교 입학 연령 기준을 조사한 결과, 대부분 주에서는 입학 연도의 8월 1일부터 9월 1일까지, 그리고 뉴욕주에서는 12월 1일까지 만 6세를 기준으로 초등학교에 입학하는 것으로 나타났습니다. [미국에서 새 학기는 주마다 다르지만 대부분 8월 말-9월 초에 시작한다. 2022/23년 초등 1학년생의 생일: 2015.8.1.-2016.9.1. - 역주]

그런데 이 날짜들은 발도르프 학교의 입학 지침과 일치하지 않습니다. 기본적으로 미국 발도르프 학교에서는 가을 학기에 입학하려면 그 전 해 6월 1일까지 만 6세가 되어야 합니다. 일부 발도르프 학교에서는 5월에 태어난 아이들에게도 입학 가능성을 열어 두기 위해 5월 1일을 기준으로 하기도 합니다. 초등학교 교실에서 가장 어린 나이에 입학한 5월생 아이들은 다른 급우들과 잘 어울리지 못하는 모습을 보이는 경우가 종종 있습니다. 5월생 아이들(대부분 여자아이들)의 입학을 위한 성숙도를 살펴보면 예외적인 상황이 있을 수도 있습니다. 그런 경우라면 그 아이는 선생님의 제안에 따라 개별적으로 융통성 있게 따로 기준을 정할 수 있습니다. 일반적으로 5월이나 그 바로 뒤에 출생한 아이들(즉 여름에 생일을 맞이하는 아이들)은 각별히 주의하여 살펴보도록 권고하고 있습니다.

부모는 분명하게 정해진 초등학교 입학 기준에 대해 자신의 기대치를 정하거나 조정할 시간이 필요합니다. 자녀가 유치원을 졸업하는 해에 갑자기 입학에 관한 규정을 알게 되어서는 곤란합니다. 가장 바람직한 현장 경험에 따르면, 아이가 유치원에 처음 등록할 때 초등학교 입학 지침을 부모들에게 알려주는 것이 매우 중요합니다. 아이가 유치원을 다닌 지 1년이 지날 무렵에 교사와 부모가 초등학교 입학에 관해 미리 대화하는 시간을 가진다면, 유익한 토론의 장이 될 수 있습니다. 일반 학교에 비해 발도르프 학교에서는 초등학교 입학 연령에 관해 각각의 아이들이 자신감 있게 입학하고 학업적으로, 사회적으로, 정서적으로 성취감과 만족감을 얻을 수 있도록 책임감을 가지고 대응합니다. 향후 모든 교육 과정에서 아이에게 가장 좋은 것을 주고 싶어하는 부모와 뜻을 같이하려면 입학 시점은 매우 신중하게 결정해야 하는 문제입니다.

이른둥이의 경우

아이의 조산 여부를 파악하는 것도 중요합니다. 만약 조산이라면 실제 생년월일을 조정하여 생각할 필요가 있습니다. 6주 일찍 태어난 아이는 실제 생년월일에 그 기간을 더하는 식입니다. 예를 들어 아이가 예정일보다 앞서 3월 1일에 태어났다면, 그로부터 6주가 지난 4월 15일을 출생 기준일로 합니다. 이렇게 조정된 날짜가 초등학교 입학에 각별한 주의를 요하는 "입학 연령 하한선"에 더 가깝도록 합니다.

연구에 따르면, 이른둥이들은 학습 장애 발생률이 훨씬 더 높을 뿐 아니라 정서, 행동, 인지 영역에서도 미숙함을 보일 수 있습니다. 어떤 경우에는 아이의 실제 발달 연령이 조정된 생년월일을 기준으로 해도 더 어릴 수 있습니다. 이른둥이는 예정일대로 태어났다면 자궁에서 완성했을 성장과 성숙을 출생 후에 "따라잡아야" 합니다. 또한 체구가 작아서 아직 준비가 되어 있지 않았음에도 중력과 감각 자극의 영향을 받으며 성장을 다 마쳐야 한다는 스트레스도 존재합니다. 또한 미성숙으로 인해 받는 다른 스트레스가 또 다른 발달 지연의 원인이 될 수도 있습니다.

II. "생명력의 탄생"
- 초등학교 입학을 위한 신체적 성숙

오스틴 발도르프 병설유치원

루돌프 슈타이너는 유아가 초등학교 입학할 수 있을 만큼 충분히 성숙했음을 보여주는 주요 증거가 아이에게 나타나는 "생명력의 탄생"이라고 거듭 강조합니다. 아이가 태어난 뒤 첫 번째 7년 주기에는 생명의 힘이 신체와 내부 장기의 성장에 사용됩니다. 초기 성장 단계를 마치면 생명력은 성장 활동에서 풀려나("생명력의 탄생") 초등학교 시기의 사고와 학업을 위해 사용됩니다. 그런데 중요한 성장 단계를 마치기 전에는 생명의 힘이 다른 용도로 사용되어서는 안 됩니다. 그렇게 되면 미래의 생명력과 평생의 건강이 위험에 빠질 수 있기 때문입니다. 국제 슈타이너 발도르프 영유아교육연대(IASWECE) 내에서 영유아 교사들과 의사들로 구성된

영유아연구분과는 입학 준비를 관찰한 다년간의 연구를 통해 에테르체의 탄생이 유아가 초등학교에 입학하기에 적절한지를 결정하는 가장 중요한 요소라고 주장했습니다. [발도르프 교육에서는 인간을 구성하는 요소를 4가지로 세분한다: 눈에 보이는 "신체(물질체)" 뿐 아니라 생명 과정에 작용하는 "생명력(에테르체)", 감정에 작용하는 "감정체(아스트랄체)" 그리고 "자아('나')"로 구분한다. 이러한 4구성체의 탄생은 성숙에 따라 순차적으로 일어난다. – 역주]

생명력의 탄생은 다음과 같은 몇 가지 신체적 징후로 드러납니다.

- 만 6세에 영구치 어금니가 나옵니다. 대다수 의사들은 젖니가 모두 빠지는 것보다 이것이 생명력의 탄생을 알려주는 주요 징후라고 주장합니다. 젖니 갈이는 더 어린 나이부터 시작할 수 있는데, 이것은 입학할 수 있을 만큼의 성숙을 보여주는 징후라기보다 오히려 사회적인 강요에 의해 너무 일찍 일어나는 변화일 가능성이 있습니다.

- 젖니가 빠집니다.

- 머리 크기와 비교하여 팔다리가 길어집니다. 아이는 머리를 옆으로 기울이거나 구부리지 않고 팔을 머리 위로 뻗어 손으로 반대편 귀를 만질 수 있습니다. 이때 팔꿈치 안쪽으로 머리를 기울이지 않고도 팔꿈치의 각도를 90도로 할 수 있다면 가장 바람직합니다.

- 얼굴 생김새가 서로 달라지면서, 어린아이에게 전형적으로 보이는 둥그스름한 얼굴형이 사라집니다.

- 척추에 S자 곡선이 나타납니다.

- 흉곽이 배에서 분리되어 시각적으로 명확히 구분할 수 있게 됩니다. 아이의 키가 훌쩍 커져서 마치 몸이 길쭉하게 "늘어난 것"처럼 보입니다.

- 발바닥에 오목한 부분("족궁")이 생깁니다.

신체 협응력

아이의 대근육 및 소근육 운동의 조정과 협응 능력에 변화가 보이기 시작합니다. 아이의 신체 협응력이 발달하면서 의도에 따라 각 부위의 움직임을 통합하여 조정하는 능력이 생깁니다. 미하엘라 글뢰클러Michaela Glöckler 박사는 이 능력을 다음과 같이 설명합니다. "한 손으로 공을 공중으로 던진 다음 두 손으로 그 공을 받을 수 있다. 한쪽 다리로 서서 옆으로, 앞뒤로 깡충 뛰기를 할 수 있다. 발끝으로 살금살금 걸을 수 있다. 구슬을 실에 꿰고 뜨개질을 할 수 있다. 식탁을 차리고 설거지를 할 수 있다. 옷을 입고 벗을 수 있다. 신발끈을 묶고 단추를 채울 수 있다." 뛰어오르는 움직임을 가능하게 하는 새로운 힘이 생겨 가볍게 깡충깡충 뛰고 줄넘기를 시작하게 됩니다.

생명력의 탄생에 관한 연구 및 상세한 논의를 위한 참고자료

WECAN(북미 발도르프 영유아교육연대)에서 출간한 《유치원에서 초등학교까지》에는 생명력의 탄생을 보여주는 징후가 상세히 제시되어 있습니다. 이 책의 편집자 루스 커Ruth Ker는 에테르체의 탄생과 초등학교 입학 성숙 상태에 관한 루돌프 슈타이너의 설명을 정리 했습니다.

《오늘날의 초등학교 입학 성숙 상태》는 스위스 도 르나흐 소재의 발도르프 교육연구기관 괴테아눔 Goetheanum과 IASWECE(국제 슈타이너 발도르프 영유아 교육연대)가 함께 출간한 책자로, 현재 영어로 번역되어 WECAN에서 출간하고 있습니다. 이 책자는 2013년 괴 테아눔에서 열린 초등학교 입학 준비 상태에 관한 국 제 세미나의 발표 내용들을 정리한 것입니다.

다음은 초등학교 입학 성숙 상태라는 주제와 특히 관 련이 깊은 논문들입니다.

• "유치원에서 초등학교로" – 에드먼트 스호럴Edmond Schoorel 박사

• "입학 성숙 상태, 그리고 유치원에서 초등학교로

옮겨가기" - 클로디아 매킨
Claudia Mckeen 박사

• "인지학의 관점에서 본 초등
학교 입학 연령" - 클라우스
페터 뢰Claus-Peter Röh

《초등학교 1학년 입학 성숙 상태 – 발도르프 교육자들
을 위한 자료, 이해, 도구》(WECAN, 2판, 2016)에 실린 다
른 참고자료로는 다음과 같은 유용한 기사들이 있습
니다.

• "초등학교 입학 성숙 상태" - 존 앨먼Joan Almon

• (《발달하는 아이: 첫 번째 7년 주기》(WECAN, 2004)에도 실
려 있음)

• "초등학교 입학 성숙 상태를 판단하기 위한 몇 가지

지침" – 낸시 포스터Nancy Foster

• (《발달하는 아이: 첫 번째 7년 주기》에도 실려 있음)

• "초등학교 입학 성숙 상태: 학교 전담 의사의 관점에서" – 베티나 론Bettina Lohn 박사

• "내 아이가 입학 준비가 되어 있다는 징후는 무엇일까?" – 미하엘라 글뢰클러 박사

베티나 론 박사의 논문은 생명력이 신체를 성장시키는 역할에서 풀려나는 과정, 그리고 그 시기의 아이가 초등학교 입학에 적합한 상태로 변화하는 모습을 정확히 요약하여 설명하고 있습니다. 다음은 논문에서 그에 해당하는 부분입니다.

"아이의 삶에서 첫 번째 7년 주기에는 발달의 중점이 신체의 성장에 있다. 탄생 후 처음 몇 년처럼 빠르게 성장하는

후서토닉 밸리 발도르프 병설유치원

시기는 평생 다시 오지 않는다. 물질의 신체와 생명체는 감정체와 자아의 인도를 받아 특히 이 시기의 성장 과정에 많이 개입한다.

만 7세에 가까워지면 생명 기능을 안정시키고 장기의 발달을 이끌었던 생명력과 신체 간의 활발한 상호작용이 감소한다. 생명력의 일부는 생명 과정의 기능에 계속 관여하지만, 나머지 부분은 다른 활동을 위해 '자유롭게' 풀려난다. 그리고 이렇게 '자유롭게' 풀려난 생명력에 의해 아이는 초등학교에 입학할 능력을 갖추게 된다. 이제 신체 성장과 장기 발달의 분화를 이끌던 생명력은 사고를 위한 힘으로 전환된다. 이 과정은 점진적으로 이루어지지만, 아이가 더 의식적이고 독립적으로 사고할 수 있는 시기인 만 6~7세에 결정적인 지점에 도달한다. 사고력과 더불어 기억력도 한층 더 발달한다. **아이는 이제 전처럼**

신체적 발달이라는 희생을 바탕으로 사고하지는 않는다.

이런 변화를 직접 관찰할 수는 없다. 하지만 영구치의 형성과 그것이 잇몸을 뚫고 올라오는 현상이 그 일례이다. 영구치는 아이가 태어난 후 첫 번째 7년 주기 동안 잇몸 안에서 만들어지다가 한꺼번에 나오기 시작하는데, 이런 치아 하나하나가 바로 이 변화 과정의 완성을 보여주는 증거가 된다. 진지하게 생각할 부분은, 앞서 언급한 생명력의 변화는 건강 문제의 예방에도 새로운 시각을 제공한다. 적절한 시기에 입학한다면, 다시 말해서 아이가 자신이 맞닥뜨리는 갖가지 어려운 과제들을 잘 해결할 수 있으면, 이는 넓은 의미에서 볼 때 아이가 앞으로의 삶을 건강하게 사는 데에도 도움이 될 것이기 때문이다."

III. 초등학교 입학을 위한 "감정의 성숙"을 보여 주는 다른 징후들

론 박사는 이렇게 적었습니다. "초기에 신체 성장과 장기 발달의 분화에 관여하던 생명의 힘은 사고를 위해 사용할 수 있는 힘으로 바뀐다." 치아의 변화, 그리고 학교에 갈 준비가 되었음을 보여주는 신체적 징후들과 함께 아이의 기억력, 상상력, 사회적 상호작용, 언어 능력, 정서적 성숙, 그림 그리기 등에도 변화가 나타나기 시작합니다. 뿐만 아니라 대근육 운동뿐 아니라 소근육 운동에서도 신체 협응 능력이 발달하는데, 이를 통해 자신이 얼마나 이 지상의 삶 안으로 들어왔는지를 보여줍니다(앞의 신체적 변화에 관한 부분에서 설명). 지각 능력도 향상됩니다.

이렇게 다양한 영역에서 아이를 관찰하고 고려하기 시작할 때 우리는 아이가 학교에 갈 준비가 되었음을 증명할 '자격 점수'는 필요하지 않다는 점을 명심해야 합니다. '자격 점수' 대신, 다음과 같은 태도를 기준으로 아이가 세상과 어떻게 교류하는지를 관찰해야 합니다. 아이가 내면에서 외부로 발달하는 양상은 어떤가? 아이가 세상에 어떻게 반응하고 있는가? 세상이 자신의 존재 안으로 들어오는 방식에서 아이가 무엇을 경험하고 있는가? 아이가 나날이 더 커져가는 자신감과 능력을 가지고 세상과 만날 준비가 되어 있는가?

기억력

기억하는 능력은 처음에는 주변의 어떤 대상을 필요에 따라 피상적으로 기억하거나 그 대상에 의해 기억이 촉발되는 것에서 시작하여 점차 자기 의지에 따라 기억하는 것으로 변화합니다. 글뢰클러 박사는 이렇게 설명합니다. "이제 아이는 구체적인 상황과 무관하게 직접적인 질문에 반응하여 기억을 소환할 수 있다. 외부에 기억을 유발하는 대상이 없어도 기억 과정을 활성화할 수 있는 것이다."

상상력

이제 아이 자신의 동기와 상상을 통해 놀이를 하고 싶은 충동이 내면에서 생겨납니다. 인과관계도 사고할 수 있게 됩니다. 아이는 한 가지 일이 발생하면 다른 사건이나 결과가 뒤따른다는 사실을 깨닫기 시작합니다. 이 새로운 능력으로 아이는 계획을 세울 수 있습니다. 성숙해가는 아이는 어떤 놀이를 할지 아이디어를 떠올린 다음, 그 아이디어를

소화발도르프어린이집/용인시 수지구

실현하는 데 필요한 소품이나 재료를 모으기 위해 주변을
살피기 시작합니다. 그 전에는 주변에 있는 무언가를 보고
서야 아이디어를 떠올렸는데 말입니다.

이 상상력이라는 새로운 능력을 습득하는 과정에서 아이는 예전에 끊임없이 떠오르던 놀이에 대한 아이디어가 마치 고갈된 듯 '빈둥거리는' 시기를 경험하는 것이 보통입니다. 그리고 이것은 겉으로는 "나는 뭘 하고 놀아야 할지 모르겠어!"로 표현되는 "의지의 위기"를 보여줍니다. 아이는 자신의 아이디어를 따르기 위해 놀이나 또래 친구를 멀리하기도 합니다. 자유로운 판타지를 버리고 뭔가 새로운 것을 향한 변형생성을 꾀하기 때문에 그렇습니다. 이것은 놀이에 대한 아이디어와 또래들과의 놀이 계획에 대한 아이디어가 앞으로는 아이의 내면에서 만들어질 것을 보여주는 징후입니다.

사회적 능력

아이는 그룹 안에서 상호작용을 하는 사회적 능력을 보여줍니다. "사회적 활동을 위한 준비에는 자신의 이해관계를 (선생님의 도움으로) 타인의 이해관계에 맞게 조절하고, 의도적으로 팔다리의 움직임을 억제하며 '경청하는' 법을 배우는 것이 포함된다. 이전에는 모방이 독립적인 활동의 주된 자극이었으나, 이 단계에서는 선생님의 말에 귀를 기울이는 것이 그것을 대신한다. 즉, 본능적인 모방 행위가 줄어

들면서, 어른의 말을 수용하려는 아이의 의향이 점점 두드러진다. 일반적으로 사회적 활동을 위한 능력은 지적 활동을 위한 능력보다 늦게 발달되어, 보통 만 7~8세에 이르러서야 완전히 준비된다."(글뢰클러)

언어 능력

이 연령대에서는 말과 노래에 운을 맞추고 템포를 바꿀 수 있게 되는 것이 일반적입니다. 유치원에서는 나이가 많은 아이들도 선생님의 말이나 노래의 속도를 제대로 맞추지 못할 수 있습니다. 하지만 초등학교에 입학하기에 충분히 성숙한 아이는 모방할 모델이 없어도 말로 하는 지시를 따를 수 있습니다. "일반적으로 취학 연령의 아이들은 노래를 부를 수 있고, 모든 말소리를 명확하게 발음하며, 완전한 문장으로 이야기를 반복하고, 자신이 말하고 싶은 것을 다양한 방식으로 표현할 수 있다."(글뢰클러) 아이는 자신이 들은 말(수용 언어)을 이해하며, 자신이 하고 싶은 말(표현 언어)을 구사하는 능력을 갖게 됩니다.

정서적 성숙/행동

집단의 요구를 존중하기 위해 개인적인 욕구와 충동을

자제하는 능력이 아이에게 발달합니다. 성숙함과 독립성을 보이기 시작합니다. 주의력, 집중력, 듣기 능력이 한층 더 발달합니다. 그런가 하면 자의식이 강해지면서 놀이에서 다른 아이들을 배제하는 성향이 생길 수도 있습니다.

그림 그리기

자유롭게 그린 그림에는 아이들 각자의 표현이 담겨 있습니다. 그림의 요소들(사람, 구조물, 나무, 풀 등)이 현실적이어

덴버 발도르프 병설유치원

바람아래 발도르프 유치원/서울 성북구

서, 위와 아래, 좌우의 대칭을 인식하고 있음을 보여줍니다.

지각 능력

아이는 기하학적 형태(사각형, 사선이 있는 도형 등)을 인식하고 그것을 그림으로 표현할 수 있는 능력이 있음을 보여줍니다. 아이는 어른이 그려서 보여준 그림을 그대로 따라 그릴 수 있습니다.

IV. 초등학교가 아이에게 요구하는 것

앞서 언급한 새로운 능력은 아이의 내면에서 무엇이 발달하고 있는지 보여줍니다. 특히 이것이 초등학교 1학년부터 시작하여 이후 학교를 다니는 기간 내내 아이에게 기대되는 능력이기 때문에 유심히 살펴보아야 합니다. 아이는 앞으로 자신에게 닥칠 상황에 어떻게 대응할까요? 이렇게 외부에서 아이 안으로 들어오는 것들과 아이를 잇는 접점은 무엇일까요?

재닛 클라Janet Klaar는《초등학교 1학년 입학 성숙 상태》에 실린 자신의 글 "초등학교 1학년으로의 이행"에서 위의 질문들을 다루고 있습니다. 아이가 유치원이라는 세계에 잘 적응해서 무난히 지내 왔다고 해도, 초등학교 입학에 필요한 능력이 얼마나 될지는 전혀 다른 문제입니다. 재닛 클라는 체력, 집중력, 유연성, 새로운 사물과 사람들에 대한 흥미와 같은 다양한 요소들을 고려해야 한다고 주장합니다.

그렇다면 초등학교 1학년 아이가 담임선생님이 준비한 것에 잘 참여할 수 있으려면 어떤 능력을 갖추어야 할까요?

아이는 다음과 같은 능력이 있어야 합니다.

- 규칙적으로 학교를 다니며 정해진 수업 일수를 채운다.

- 부모나 유치원 선생님이 아닌 어른들을 즐거운 마음으로 만난다.

- 학급의 일원으로 책상에 앉아 수업에 참여한다. 선생님의 권위를 받아들인다. 옷을 입고 벗는 일, 화장실 사용, 손씻기 등 개인적인 일들을 스스로 해낸다. 놀이를 할 때 자기 주장을 내세운다.

- 붓이나 크레용을 쥐는 일처럼 유치원에서 완전히 익힌 능력을 발휘한다. 학교 수업을 마칠 때까지 견딜 수 있는 충분한 체력이 있다. 며칠, 심지어 몇 주씩 걸리는 공예나 과제를 수행할 수 있고, 자기주도적으로 행동한다. 자신이 할 일을 달라고 요구한다.

- 놀이와 사회적 상호작용을 위한 자극을 위해 자기 내면에서 독립적인 상상력을 이끌어낸다. "아이는 유치원

시절의 신기한 판타지를 내면의 전환 과정을 통해 의식적인 상상으로 전환시킬 수 있어야 한다."(재닛 클라)

꽃가람 발도르프 어린이집 / 안양시 동안구

V. 기타 고려 사항들

성별

신경학과 발달학의 연구에 따르면, 남자아이와 여자아이의 성숙 시간표는 서로 다릅니다. 일반적으로 남자아이들이 여자아이들과 동등한 성숙 수준에 도달하는 데는 6개월이 더 걸립니다. 론 박사는 말합니다. "특히 5월과 8월 사이에 태어난 아이들이 초등학교에 입학하는 경우, 이는 결정적인 차이를 가져올 수 있다."[미국의 새 학년은 8월 말~9월 초에 시작한다. - 역주]

건강

천식 같은 건강 문제, 시력과 청력, 규칙적으로 학교에 다닐 수 있는 체력과 수업에 필요한 에너지, 체질, 수면과 식습관, 일상적인 리듬 등도 아이의 입학 준비 상태를 판단할 때 전반적으로 고려해야 합니다.

VI. 입학 준비 상태에 관한 전반적인 그림이 완성되었다면

그 밖의 다양한 질문들도 아이의 취학 성숙 상태를 판단하는 데 도움이 됩니다. 아이의 발육이 연령에 맞게 적절해 보이며 전체적으로 양호하다는 인상을 주고 있나요? 어느 한쪽의 발달이 다른 쪽의 발달과 보조를 맞추고 있나요? 혹은 특별히 우려되거나 문제가 되는 부분은 없나요?

몇 가지 더 고려할 사항이 있습니다.

그린 메도 발도르프 학교 병설유치원 ⓒ Fernando Lopez

"발달과 관련하여 어떤 문제가 있나요? 혹은 그런 문제들이 아이가 학교에 들어간 후에도 지속될 것 같나요? 유치원을 1년 더 다녀야 할 정도로 심각한 수준은 아니지만, 한 영역의 발달이 지연되어 특별한 도움이 필요한 아이인가요? 혹은 아이에게 전반적인 발달 지연이 있어 추가로 유치원을 1년 더 다니게 함으로써 필요한 발달 단계가 정상 궤도에 오를 수 있게 시간과 기회를 주어야 하나요? 아이가 처한 문제는 건강 문제, 체질 문제, 사회적/정서적 문제일 수 있습니다. 그리고 현실에서는 종종 이런 문제들이 복합적으로 나타나기도 합니다."(론)

VII. 권장 사항

대부분의 아이에게 있어 초등학교에 입학할지의 여부를 결정하는 것은 그리 복잡한 문제가 아닙니다. 출생연월이 적령기 안에 들고 자유롭게 풀려난 생명력의 징후가 명확히 드러나며 그 나이에 예상되는 사회적 안정감과 회복력을 가진 것처럼 보인다면 우리는 아이를 자신 있게 초등학교 1학년이라는 새로운 단계로 보낼 수 있습니다.

그러나 아이들의 발달 정도는 워낙 천차만별이라 지침에 모든 내용을 담을 수 없습니다. 어떤 상황은 복잡하고 민감합니다. 그때 필요한 것은 아이에 대한 조심스럽고 사려 깊은 배려와 함께 선생님과 부모의 솔직한 대화입니다.

아이의 나이가 일반 초등학교 지침에는 적합하지만 발도르프 학교에 입학하기에는 너무 어리다면 어떻게 할까요?
사회적으로 통용되는 학교 입학 규범은 앞서 언급한 지침에도 불구하고 더 어린 나이에도 능력이 있으면 발도르프 학교에 입학할 수 있다는 기대감을 갖게 할 수 있습니다. 그런 경우 부모는 자신의 아이가 예외에 속한다고 굳게 믿

으며 학업을 시작해도 괜찮다고 생각합니다. 자못 의심스럽지만 사회적으로 정상적인 학급 생활이 가능하다는 구체적인 이유를 가지고 초등학교 1학년 입학을 고려하는 상황이 생길 수 있는 것입니다. 이는 모든 학교가 직면할 수 있는 실제 상황입니다.

그러나 유치원 교사의 교육적 의무는 아이들 각자의 발달을 위한 최선이 무엇인지를 심사숙고하여 결정을 내리는 것입니다. 그리고 이런 결정을 내리려면 앞서 언급한 모든 요소들을 감안하는 것이 매우 중요합니다. 또래보다 좀 어린 나이라 할지라도 그 아이는 1학년, 나아가 2학년까지는 학교생활을 잘해낼 수 있습니다. 하지만 3학년이 되면 다른 아이들과 격차가 벌어지기 시작합니다. 학업은 따라갈 수 있지만 사회적·정서적 성숙도의 차이가 뚜렷이 나타나기 시작하는 것입니다. 이렇듯 아이의 성숙도를 넘어서는 사회적 역학관계에서는 고립과 혼란이 발생할 수 있습니다. 아이가 어리다는 것이 진짜 문제가 되는 시기가 찾아올 수도 있습니다. 교육학적 근거와 검증된 충분한 발달 단계 대신 낙관적인 생각만으로 너무 어린 아이를 초등학교에 보내는 것은 아이의 미래에 중대한 영향을 미칠 수 있는 것입니다. 그러므로 다양한 모든 요소를 고려하면서 이를 의식하는 것이 바람직합니다.

이런 상황에서는 부모와 교사 간의 대화가 매우 중요합니다. 앞서 언급한 대로 초등학교 1학년 입학 지침은 아이가 처음으로 유아 프로그램에 참여할 때 설명하는 것이 가장 좋습니다. 아이의 생일이 입학을 위한 생년월일 지침에 근접해 있다면 그 아이를 신중히 관찰할 필요가 있습니다. 교사가 아이에게 최선이 무엇인지를 다각도로 살피고 모색하고 있다는 것을 경험할 때 부모는 안심합니다.

같은 문제를 겪었건 가족이 자신의 경험을 기꺼이 공유하는 것도 도움이 됩니다. 아이를 1년 더 유치원에 다니게 한 가족들의 경우, 대부분 자녀에게 주어지는 혜택에 대해 긍정적으로 말하고 있습니다.

아이의 발달이 고르지 않다면 어떻게 할까요?
현대의 아이들은 어떤 영역에서는 점점 빠른 속도로 발달하는 반면 다른 영역에서는 미성숙함을 보여주고 있습니다.

그 이유는 인지 능력과 조기 지적 발달에만 집중한 나머지 다른 영역의 발달을 위한 관심과 기회를 등한시하기 때문입니다. 불균형한 발달 상태는 또한 아이가 앞으로 학습 장애를 겪을 가능성을 시사합니다.

앞서 언급한 것과 같은 질문이 여기에서도 동일하게 적용됩니다. 만약 아이의 나이가 입학 적령기의 범위 안에 있고 생명력이 "탄생"하는 징후를 보이며 초등학교 1학년의 학업에 관심이 있다면 아이를 입학시키는 것이 바람직합니다. 아이에 대해 우려되는 점은 기록해두었다가 1학년 담임 선생님과 공유해야 합니다. 만약 아이에게 추가적인 지원이 필요하다면, 어떤 도움을 주는 것이 좋을지 미리 논의하는 것도 아이에게 도움이 될 수 있습니다.

유치원에서 관찰한 것만으로는 아이에게 실제로 학습 문제가 있는지 여부를 가늠하기가 쉽지 않습니다. 난관이 발생할 거라고 미리 가정하고 싶은 사람은 없을 것입니다. 하지만 아이의 발달 수준을 객관적이고도 정확하게 관찰하고 설명하는 것이 매우 중요합니다. 이러한 정보가 앞으로 아이가 어느 수준까지 발달할 수 있을지를 예측 가능하게 해 주기 때문입니다.

만약 아이가 유치원에서 행동 장애를 보인 적이 있다면 어떻게 할까요?

행동 장애는 초등학교 입학 여부를 결정하는 데에서 종종 학습 능력 문제보다 더 심각한 문제로 여겨지기도 합니다. 행동 장애를 지닌 아이들은 종종 신체적, 감각적, 사회적 또는 정서적 문제를 동반할 수도 있습니다. 만약 이런 문제에 대처하는 것이 행동 장애에 대한 우려를 줄일 수 있다면 이런 다양한 시각으로 아이를 관찰하는 것이 도움이 될 수 있습니다.

만약 아이의 연령과 신체 발달의 수준이 초등학교에 입학하는 데 적합하다면 행동 장애는 크게 문제가 되지 않습니다. 난관에 부딪쳤을 때 이를 논의하는 것이 중요하며, 그룹 내에서 협동 능력이 필요한 초등학교 환경에서 이 문제를 어떻게 합리적으로 해결하는지도 중요합니다. 다방면으로 초등학교에 대한 아이의 기대치를 확인하려면, 그리고 아이의 성공을 지원하기에 충분한 시설이 마련되어 있는지 파악하려면 부모와 선생님 간의 솔직한 대화가 필요합니다.

만약 이런 여건이 조성되어 있지 않다면 아이의 행복을 위해 더 나은 혜택을 줄 수 있는 다른 교육적 선택도 고려해 보아야 합니다.

유치원에서는 잘 적응했지만 초등학교에서도 잘 적응할지 우려스럽다면 어떻게 할까요? 이 아이가 초등학교에서 도움을 받을 수 있을까요?

이 질문은 유치원에 입학했던 당시 차이를 보인 아이와 더 관련이 있습니다. 놀이에 기반을 둔 발도르프 유치원에서는 이런 아이라도 융통성 있는 접근법과 스트레스 감소 및 폭넓은 편의 제공으로 유치원 생활을 잘해냈습니다. 부모는 유아기의 발달을 지켜보면서 자녀를 초등학교에 보내도 좋겠다는 낙관적인 기대를 하게 됩니다. 그런데 이러한 낙관주의가 아이가 초등학교의 기대치에 얼마나 잘 부응하는지, 초등학교 구조가 아이의 성공에 필요한 각종 지원을 제공할 수 있는지에 대한 현실적인 상황에 근거하고 있는 것은 아닙니다. 따라서 이 질문에 대한 답은 아이와 가족, 학교, 지역사회에 따라 다양할 수 있습니다.

위에 나온 각각의 상황에서 완벽한 지침은 존재하지 않습니다. 무엇이 아이에게 가장 득이 되는지 잘 살펴보아야 합니다. 위에 나온 모든 질문들을 충분히 고려해야 합니다. 아이의 초등학교 입학과 관련된 어른들 간의 명확하고, 솔직하고, 정중하고, 배려심 있는 대화가 아이를 위한 최선의 결정으로 이끌 것입니다.

소화발도르프어린이집/용인시 수지구

조기취학,
사회성 미성숙 이끈다

"초등학교 교사 부부입니다. 20년 전 남편의 반대를 무릅쓰고, 제가 단호히 내린 결정! 지금도 후회하고 큰딸에게 미안해하고 있습니다. 생일로 봐서 한 해 더 기다렸어야 했는데 맞벌이하는 여건 때문에 조기입학을 강행했어요. 또래보다 키도 크고 영리해 보여서 안심했는데, 학교에 적응하기까지 생각보다 오래 걸리더군요. 첫 단추를 어렵게 끼워서인지 4학년까지도 아이들과 쉽게 어울리지 못했어요. 외부에서 자신감을 넣어줄 수는 없었습니다.

큰딸은 사회인이 된 지금도 살짝 대인 공포증 같은 울렁증이 있어서 불편해합니다. 자기 말로는 그게 초등학교 시절에 생긴 것 같다고 해서 엄마로서 늘 마음이 아파요. 수십

년간의 교직경력과 제 딸의 경험으로 봤을 때 강력하게 주장하고 싶네요. 정치적인 목적으로 이따금 추진되는 취학연령의 하향 조정은 아이의 심리 안정과 사회성 발달을 고려할 때 곤란합니다. 국가의 비용 절감을 위해 유아기를 단축하는 시도 또는 엄마들의 지적 조기교육의 부추김 역시 성장기 아이를 학대하는 짓이라 생각합니다. 이런 발상과 행동은 결국 '유아기의 권리와 아동의 인권' 침해와 다를 바 없습니다."

학제개편과 조기취학으로 공적 재정의 부담을 줄이는 동시에 사회에 진출하는 연령을 앞당기자는 정치 · 경제적 주장은 국가의 미래를 위해 다시 거론되어서는 안 될 것입니다. 아이의 발달 속도와 성숙을 무시한 조기입학은 개인 차원을 넘어서 사회적 딜레마가 되어 국가 차원의 손실로 이어질 수 있기 때문입니다. 시선을 밖으로 돌려 교육의 세계적인 흐름을 타산지석으로 삼으면 어떨까요?

1960년대에 이미 미국을 비롯한 서방국가는 조기교육과 입학 연령의 하향 조정을 두고 치열한 논쟁을 거쳤습니다. 구소련에서 최초로 인공위성 발사에 성공하면서 소위 '스

푸트니크 쇼크'를 겪은 미국과 유럽 여러 나라의 정치가들은 1960년대 중반부터 미취학 예비 학급을 설치해 실험적으로 지적 교육의 조기 도입을 추진했습니다. 1970년 중반 독일의 한 연방 주에서 사회·문화적 계층 간 간격을 좁히기 위해 취학 전 학습지도(선행학습) 프로젝트를 실행한 적이 있습니다. 당시 교육학자 사이에서 지적 조기교육에 대한 찬반론이 엇갈렸는데 결국 조기교육을 적용한 사례와 교육심리학 연구 결과를 토대로 그 부작용이 입증되었습니다. 그래서 조기교육과 조기취학 시도는 1980년대 중반 미국과 유럽 여러 나라에서 마무리되었습니다.

2005년부터 유럽연합의 노동시장 진입 연령의 경쟁 때문에 각국의 정치가들이 다시 조기취학을 교육정책 방향의 중심에 놓지만, 여전히 관철하지 못하고 있습니다. 예컨대 독일은 각 방향의 교육학자가 한 목소리로 성명을 발표하고, 언론기관 및 깨어있는 시민층이 연대하여 탄원서를 만드는 등 이른바 '국민 불복종 운동' 차원에서 반대의 목소리를 높인 결과, 만 6세의 취학 연령을 그대로 유지하는 주정부가 많습니다.

지적 조기교육과 조기취학을 이렇게 반대하는 교육학적

근거는 무엇일까요?

본래 미국 연구프로젝트(Bloom, 1966.)는 유아기의 지적 훈련이 인성 발달과 지적 자질을 촉진할 수 있다는 기대에서 출발했습니다. 이 견해는 학문적 평가에서 전혀 다른 결과를 가져왔습니다. 지능 지수가 높은(IQ 125) 취학 직전 아이들을 15개월 동안 문자교육을 했더니 오히려 지능이 낮아졌고(IQ 119), 인내심과 집중력도 나빠졌습니다. 내적 힘의 약화가 유아의 의지 활동에 영향을 미쳐 인성 발달의 문제를 가져온 것입니다.

이어서 1970년대 독일 막스 프랑크 연구소의 교육연구자들의 장기 프로젝트에서도 같은 결과가 나타났습니다. 유아기의 문자교육(읽기 학습)이 사고력과 지적 능력의 촉진과 무관하며 인성 발달의 토대에 부정적 변화를 가져온다는 것입니다. 취학 전 만 5세 유아의 세상 체험은 만 7세 아동과 질적으로 다르기 때문입니다.

만 5~6세까지 아이의 이해 과정은 설명이 아니라 직접 몸으로 하는 체험과 인상을 통해 이루어집니다. 추상적 사고력이 형성되기 전 단계이므로 가령 '달이 나를 쫓아다닌다'고 느끼고 실제로 그렇게 생각합니다. 어떤 대상을 접해서 내적 체험으로 연결되어야 그것이 아이 안에서 '이해'되는 차원으로 넘어갑니다. 그런데 읽기 학습과 같은 조기 인지 학습은 추상적 이해를 과도하게 요구합니다. 아이가 몸으로 직접 체험하여 얻은 성취감과 자기 신뢰감과 같은 느낌을 줄 수 없습니다. 결국 가정의 선행학습을 포함하여 조기 취학으로 이루어지는 학습은 아이의 정서 발달과 내면 활동을 차츰 위축시킬 수 있습니다.

Q. 산만한 아이, 세계적인 추세인가요? 직장 때문에 시어머님께서 두 아이를 취학 전까지 애지중지 키워 주셨습니다. 둘째 딸이 입학한 후 바로 틱 현상과 배변 장애가 심해졌어요. 수업 시간에 자리에 앉아있지 못하고 교실을 돌아다닌대요. 담임선생님의 권유로 병원에 갔더니 짐작대로 'ADHD 증후군' 진단을 받았습니다. 저희 부부는 한동안 거의 공황 상태에 빠졌습니다. 급기야 제가 직장을 그만두고 전업주부로 복귀했어요. 현재 집안일과 두 아이 양육에 전념하는데, 다행히 아이의 증상이 빠르게 좋아지고 있습니다.

이제 약물치료는 중단했고, 일주일에 한 번씩 행동치료만 받아요. 치료실에서 만나는 여자아이 엄마의 하소연도 저와 거의 비슷합니다. 유치원 시절에는 정말 똑똑한 편이었는데, 학교에 들어가서 집중을 못하고 주의 산만한 아이로 돌변했대요. 작년보다 치료실을 찾는 아동 수가 눈에 띄게 늘었고, 요 몇 년 사이 이런 증세에 시달리는 아이가 세계적으로도 많아졌다고 들었어요. 특별히 세계 공통의 요인이 있나요?

A. 정서 발달 장애는 흔히 사회성이 미성숙할 때 생깁니다. 여러 가지 정서 발달 장애를 '시대병'이라고 말하는 사람도 있습니다. 그 원인은 다양하지만 유아와 초등학교 저학년생이 겪는 어려움은 주로 사회성 발달이 떨어질 때 파생됩니다. 아이가 자신을 조절하지 못하면 두 가지 대조되는 증상을 보일 수 있습니다. 자신감이 부족해서 너무 수줍어하는 행동과 절제력이 부족해서 주의가 산만한 태도로 공격성, 분노 조절 장애 등 반사회적 행동이 그것입니다.

그중에서 ADHD(주의력결핍 과잉행동장애)는 유전적 소인과 신경전달물질의 불균형 등이 원인이라는 사실은 이미 잘 알려져 있습니다. 외부 환경 요인 역시 학문적으로 더 구체화하고 있는데 그 가운데 입학 연령, 조기취학이 주의력결핍 증세의 주원인이 된다는 사실이 밝혀졌습니다.

캐나다 의사와 교수 연구팀은 ADHD 증세로 진단받은 만 6세에서 만 12세 사이의 아동 937,943명을 11년간 추적 연구한 결과를 발표했습니다. 학급 친구들보다 미성숙한 태도 때문에 오진을 받은 경우가 약 39퍼센트로 많았고, 불필요한 약물까지 복용했다고 합니다. 이런 아이는 대부분 학급 평균 나이보다 몇 개월 어린 것으로 나타났습니다. 연구팀은 상대적 취학 연령의 긴요함을 강조하며, 국가의 발전과 미래를 위해 개별 아동의 성숙에 따른 입학 연령의 정책에 유연성이 필요하다고 말합니다.

좀 더 최근 연구로 2015년 독일의 사례가 있습니다. 뮌헨대학에서 만 4세에서 만 14세 사이의 ADHD 아동 7백만 명을 조사한 결과 또래보다 몇 개월 일찍 취학한 아동에게 증상이 현저하게 높게 나타났습니다. 즉, 외부 요인 가운데 입학 연령이 아동의 심리 건강에 커다란 영향을 미친다는 뜻입니다. 따라서 입학 정책이 아동 개인의 발달에 따라 유연해지는 방향으로 개선되어야 하며, 의사가 진단을 내릴 때 연령을 더욱 고려해야 한다고 강조합니다.

[출처: 이정희, 발도르프 육아예술, 201~207쪽, 씽크스마트]

인지학 & 발도르프 교육예술 도서

(사)한국슈타이너인지학센터 | 한국인지학출판사

유아 그림의 수수께끼
성장의 발자국 읽기

미하엘라 스트라우스 지음
여상훈 옮김
24,000원
한국인지학출판사 발행

발도르프 아동교육
발달 단계의 특성에 기초한 교육

루돌프 슈타이너 지음
이정희 옮김
12,000원
씽크스마트 발행

발도르프 치유교육
아동·청소년기의 현대병을 예방하는 교육

미하엘라 글뢰클러 지음
김훈태 옮김
14,000원
한국인지학출판사 발행

인간과 지구의 빌
아카샤 기록에
해석

루돌프 슈타이너
장석길 루돌프 슈
전집발간위원회
25,000원
한국인지학출판사

발도르프 성교육
아동발달을 토대로 한 성교육 지침

마티아스 바이스 외 지음
이정희, 여상훈 옮김
12,000원
씽크스마트 발행

발도르프 유아교육
아이를 새롭게 바라보는 교육

마리 루이제 콤파니, 페터랑 엮음
이정희 외 옮김
25,000원
행동하는 정신 발행

발도르프 교육예술
인간의 본성이 중심인 교육

루돌프 슈타이너 지음
루돌프 슈타이너 전집
발간위원회 옮김
17,000원
한국인지학출판사 발행

괴테 세계관의 인식론적 기초
특별히 실러와의 관계를 참작하며

루돌프 슈타이너 지음
박지용 옮김
14,000원
한국인지학출판사 발행

**교사 루돌프
슈타이너를
만나다**
베를린 노동자
학교 재직 시
1899~190

요한나 뮈케 알버
루돌프 슈타이너
여상훈 옮김
14,000원
한국인지학출판사

**인지학
영혼달력**
루돌프 슈타
명상시 52편

루돌프 슈타이너
루돌프 슈타이너
발간위원회 옮김
8,000원
한국인지학출판사

섯다운!
미디어 정글에서 우리 아이 구하기

독일 미디어 진단 지음
여상훈, 이정희 옮김
14,000원
한국인지학출판사 발행

5도 분위기의 자장가와 고요한 노래

잉그리드 바이헨마
최아름 옮김
3,000원
(사)한국슈타이너인지학
센터 발행

철학·우주론·종교
인지학에서 바라본 세 영역

루돌프 슈타이너 지음
루돌프 슈타이너 전집
발간위원회 옮김
13,000원
한국인지학출판사 발행

부차수련
정신 수련을
보편적 지침

루돌프 슈타이너
이정희 옮김
7,000원
(사)한국슈타이너인지
센터 발행

발도르프 유아예술
조바심·서두름을 치유하는 거꾸로 육아

이정희 지음
14,000원
씽크스마트 발행

작은 새가 노래하네
어린 아이들과 초등 저학년을 위한 노래집

이육욱 엮음
10,000원
(사)한국슈타이너인지학
센터 발행

루돌프 슈타이너 자서전
내 인생의 발자취

루돌프 슈타이너 지음
장석길 루돌프 슈타이너
전집발간위원회 옮김
35,000원
한국인지학출판사 발행

**발도르프
학교 교육**
아이를 새롭
바라보는 교

페터 뢰벨 엮음
이정희 외 옮김
30,000원
행동하는 정신 발